Turma da Mônica
Francisco de Assis
e o amor pelos animais

Dados Internacionais de Catalogação na Publicação (CIP)
(Câmara Brasileira do Livro, SP, Brasil)

Sousa, Mauricio de
   Francisco de Assis e o amor aos animais / Mauricio de Sousa, Luis Hu Rivas, Ala Mitchell. -- 1. ed. -- Catanduva : Instituto Beneficente Boa Nova, 2020.

   ISBN 978-65-86374-07-0

   1. Animais - Literatura infantil 2. Literatura infantojuvenil I. Rivas, Luis Hu. II. Mitchell, Ala. III. Título.

20-49592   CDD-028.5

Índices para catálogo sistemático:

1. Literatura infantil 028.5
2. Literatura infantojuvenil 028.5
Aline Graziele Benitez - Bibliotecária - CRB-1/3129

Equipe Boa Nova

Diretor Presidente:
Francisco do Espirito Santo Neto

Diretor Editorial e Comercial:
Ronaldo A. Sperdutti

Diretor Executivo e Doutrinário:
Cleber Galhardi

Editora Assistente:
Juliana Mollinari

Produção Editorial:
Ana Maria Rael Gambarini

Coordenadora de Vendas:
Sueli Fuciji

2020
Direitos de publicação desta edição no Brasil reservados para o Instituto Beneficente Boa Nova, entidade coligada à Sociedade Espírita Boa Nova, Av. Porto Ferreira, 1031 | Parque Iracema Catanduva/SP | CEP: 15809-020 | Tel. (17) 3531.4444
www.boanova.net

O produto da venda desta obra é destinado à manutenção das atividades assistenciais da Sociedade Espírita Boa Nova, de Catanduva, SP.
3ª edição

Do 13º ao 18º milheiro
5.000 exemplares – Outubro de 2024.

Estúdios Mauricio de Sousa

Presidente: Mauricio de Sousa

Diretoria: Alice Keico Takeda, Mauro Takeda e Sousa, Mônica S. e Sousa

Mauricio de Sousa é membro da Academia Paulista de Letras (APL)

Diretora Executiva
Alice Keico Takeda

Direção de Arte
Wagner Bonilla

Diretor de Licenciamento
Rodrigo Paiva

Coordenadora Comercial
Tatiane Comlosi

Analista Comercial
Alexandra Paulista

Editor
Sidney Gusman

Layout e **Desenho**
Anderson Nunes

Revisão
Daniela Gomes Furlan, Ivana Mello

Editor de Arte
Mauro Souza

Coordenação de Arte
Irene Dellega, Maria A. Rabello

Produtora Editorial Jr.
Regiane Moreira

Desenho de capa
Emy T.Y. Acosta

Arte-final
Cristina H. Ando, Marcela Curac, Marcos Paulo Silva, Matheus Oliveira, Paulo M. Costa, Romeu Takao Furusawa, Viviane Yamabuchi

Cor
Giba Valadares, Kaio Bruder, Marcelo Conquista, Mauro Souza

Designer **Gráfico e Diagramação**
Mariangela Saraiva Ferradás

Supervisão de Conteúdo
Marina T. e Sousa Cameron

Supervisão Geral
Mauricio de Sousa

Condomínio E-Business Park - Rua Werner Von Siemens, 111
Prédio 19 — Espaço 01 - Lapa de Baixo — São Paulo/SP
CEP: 05069-010 - TEL.: +55 11 3613-5000

© 2020 Mauricio de Sousa e Mauricio de Sousa Editora Ltda. Todos os direitos reservados.
www.turmadamonica.com.br

Prefácio

Irmão sol e irmã Lua

Já pensou como seria legal se todos os humanos despertassem o amor pelos animais, a natureza e o meio ambiente?

Com as belas preces de Francisco de Assis, isso é possível!

O livro *Francisco de Assis e o amor pelos animais* mostra uma divertida e atualíssima história com a Turma da Mônica contando suas experiências com animaizinhos e aprendendo belos ensinamentos – e como usá-los no dia a dia.

Afinal, todos sabemos a importância de cuidar dos irmãos bichinhos e da irmã natureza, para iluminar as nossas vidas.

Muita luz e boa leitura.

Luis Hu e Ala Mitchell

Sumário

Francisco de Assis e o amor pelos animais 7

Paz 10

Amor 12

Perdão 15

União 18

Fé 20

Verdade 22

Esperança 24

Alegria 26

Luz 28

Consolar 30

Compreender 32

Amar 34

Receber 36

Perdoando 38

Vida Eterna 41

Amor a Deus 44

Irmão sol, irmã lua 46

Amar as criaturas 48

Quando possas iluminar 50

Humildade 52

O fogo que salva 54

A Terra que sustenta 56

Superar as dificuldades 58

A viagem 60

Até breve 62

Francisco de Assis e o amor pelos animais

Em uma bela manhã de primavera, Mônica, Magali e Cebolinha passeiam com seus bichinhos de estimação: Monicão, Mingau e Floquinho.

A Turminha estava voltando da casa da Milena, onde foram pegar umas dicas. Afinal, a mãe dela é veterinária.

No caminho, Mônica, Magali, Cebolinha e Milena fizeram uma parada rapidinha na padaria, e passaram perto da casa de Cascão. Ele fez um sinal pela janela e disse:

— Ei, crianças! Entrem logo!

— O que houve? — quis saber Mônica.

— Vocês lembram que hoje marcamos uma *live* com meu primo André? — respondeu Cascão. — Ele vai curtir demais ver todo mundo junto.

— Uau que legal. Você nunca me falou que tinha um primo, Cascão — comentou Milena.

— Ah, o André é superlegal. Você vai adorar conhecê-lo — disse Magali.

— **Ela** hoje? **Pindalolas**! Eu tinha esquecido — falou Cebolinha.

As crianças, já dentro da casa do Cascão, se acomodaram na sala e participaram da *live* tão esperada.

— Oi, Turminha! Tudo bem? — disse André, pelo *laptop*. — Quanto tempo! E quem é essa garota linda com vocês?

— Oi, primo! Essa é nossa amiga Milena. Ela é da hora! —respondeu Cascão.

— Muito prazer, André! Todos aqui falam superbem de você — falou Milena.

— Oiê, André! — falou Magali, mostrando o Mingau ao seu lado.

— Olha só quem veio comigo! — disse Mônica, carregando o Monicão.

— O Floquinho também está aqui *pelto* de mim — acrescentou Cebolinha.

— E o Chovinista não podia faltar, né? — lembrou Cascão.

O primo André, vendo que a Turminha adorava a companhia dos seus bichinhos de estimação, sugeriu falar sobre algumas lições de alguém que também amava os animais e a natureza.

— É um *explolador* ou um *aventuleilo*? — perguntou Cebolinha.

— Um homem de coração extremamente puro: seu nome é Francisco de Assis — respondeu André.

Então, o primo de Cascão convidou todos para brincar como da última vez, contando sobre os dias legais que tiveram durante as férias. Só que agora tinham que incluir animais nas historinhas.

A Turminha logo ficou toda animada e começou a contar suas aventuras.

Paz

— Eu começo! — gritou Cascão. — Lembram quando o Cebolinha veio me visitar e trouxe meu presente de aniversário atrasado?

— Em minha defesa, foi só um dia de *atlaso* — falou Cebolinha.

— Quando eu abri o presente, vi que era uma flauta doce — disse Cascão.

— Doce? Hum! — pensou alto, Magali.

— Doce é só o nome, Magá! Fica calma! — pediu Mônica.

O Cascão nem deu muita bola para o atraso. Ele contou que gostou do presente e começou a tocar a flauta, mas o som foi horrível.

— O Chovinista *coleu* espantado! Há! há! há! — lembrou Cebolinha.

— Eu tentava, tentava, e nada... — resmungou Cascão, meio chateado.

— Eu *expelimentei* tocar e o som saía uma beleza, uma *malavilha* — explicou Cebolinha.

Então, André interveio e lembrou que existe uma linda mensagem atribuída a Francisco, chamada Oração de Francisco de Assis, que começa assim: ***"Senhor, fazei de mim um instrumento de vossa paz".*** Isso quer dizer que só quando estamos tranquilos, em sintonia com a paz, conseguimos fazer boas coisas.

— Por isso tive uma ideia — disse Cebolinha. — Falei *plo* Cascão se acalmar e *lespilar* fundo, *pla* tocar a flauta *tlanquilamente*.

— E funcionou! Respirei fundo, toquei e foi incrível! O Chovinista ficou todo feliz, parecia até que ia dançar! — disse Cascão.

— Viram só? É assim: quando estamos com o coração em paz, conseguimos ter bons resultados — apontou André.

Amor

A Magali lembrou quando foi fazer um bolo como surpresa para sua mãe, na companhia do Mingau, e disse:

— Estava ficando uma delícia, Hum... Nham... Nham...

— Volta para a história, Magali! — pediu Milena.

— Ah, sim! Hê! hê! Então, enquanto eu estava fazendo a decoração, aconteceu uma tragédia — falou a doce comilona.

— Já sei! Você estava com tanta fome, que comeu a massa *clua*? — perguntou Cebolinha.

— Claro que não! O Mingau subiu na mesa e pisou em toda a decoração do bolo — respondeu. — E eu fiquei muito, muito irritada!

Nessa hora, Mônica contou para a Turminha que Magali ficou realmente muito chateada, pois era uma surpresa para a mãe dela, e seu gatinho tinha estragado tudo.

O primo André interveio e continuou a oração de Francisco de Assis: *"Senhor, onde houver ódio, que eu leve o amor"*.

— E foi mais ou menos isso o que aconteceu, André! — disse Magali. — A Mônica apareceu bem naquela hora, toda amorosa, pra me dar uma força!

— Ah, nada que uma *BFF** não faça! — disse Mônica. — Nós duas juntas conseguiríamos fazer outra decoração a tempo.

* *best friend forever* = eterna melhor amiga

— E deu tempo! — disse Magali, toda contente. — Ficou tão bom, que minha mãe deu um abraço bem apertado na gente. E, logo depois, eu fui abraçar o Mingau, que tinha ficado tristinho pela travessura.

— Fizeram bem, meninas! Em vez de ficar com raiva e reclamando, vocês usaram o poder do amor e fizeram uma nova decoração — disse André.
— Crianças, lembrem-se: estejam onde estiver, sempre levem o amor, pois ele ajuda a encontrar boas soluções para todos os problemas.

Perdão

Chegou a vez da Mônica, que contou que sempre deixava no jardim um lanchinho no prato do Monicão.

— Uma vez, vi uma cachorrinha pegar a comida dele e sair correndo com ela na boca.

— Xiiii, a dentuça deve ter ficado *blava*! — disse Cebolinha.

— Cebolinha! — exclamou Mônica.

— Desculpa, Moniquinha! Foi *folça* do hábito — explicou o troca-letras.

— Humpf! Eu fiquei brava mesmo. Corri atrás dela girando o Sansão, daquele jeito que você conhece bem, Cebolinha.

Magali, que já sabia da história, continuou:

— Mônica gritava para a cadelinha parar, mas ela seguiu correndo até chegar no jardim de uma casa abandonada.

— Quando entrei lá, levei um susto! — contou Mônica.

— O que foi? Você viu o Penadinho? — perguntou Cascão, imaginando a cena.

— Nada disso! Descobri que a cadelinha tinha filhotes, e estava levando o lanchinho para eles.

— Own! Tadinhos! — disse Milena.

— Hum... Isso me lembra uma outra parte da oração de Francisco de Assis: **"Onde houver ofensa, que eu leve o perdão".** — disse André. — Às vezes, julgamos as coisas apenas pelo que vemos e nos ofendemos, sem saber os seus reais motivos.

— É verdade, André. Quando soube por que a cachorrinha tinha feito aquilo, logo esqueci que estava chateada — disse Mônica. — Eu até voltei pra casa, peguei mais uns lanchinhos e água para dar aos filhotinhos famintos. No fim, todos nós ficamos contentes.

— Que gesto lindo, Mônica! — falou Milena!

União

Cebolinha foi o próximo a contar uma história.

— *Lemblam* daquela vez que a Milena ganhou uns *inglessos pla* ver o filme novo do Capitão Pitoco, mas algo *elado* aconteceu?

— Algo de errado? Você perdeu os ingressos! — lembrou Mônica.

— Eu achei que os *inglessos estaliam* mais *segulos* comigo nas minhas mãos — disse Cebolinha. — Só que o bolso da minha calça estava *fulado*.

— Pode crer! A gente chegou cedo no cinema e só na entrada que Cebolinha percebeu que os ingressos deviam ter caído pelo caminho — recordou Cascão.

— O pior é que os ingressos davam direito a pipoca grátis, André! — lamentou Magali.

Cebolinha contou que tinha um plano, mas ninguém ouvia. Todos continuavam discutindo porque o filme ia começar em, mais ou menos, meia hora.

— Aí, eu voltei *colendo pla* casa e pedi *plo* Floquinho *cheilar* a minha mão. Com seu olfato *inclível*, ele *coleu lapidinho* até o local onde *podeliam* estar os *inglessos peldidos*.

— Quando o Cebolinha apareceu com o Floquinho, a gente se uniu e começou a procurar, em vez de ficar lamentando — contou Milena.

— E o melhor foi que achamos os ingressos uns minutos antes de o filme começar! — disse Cascão

— Que ótimo! Resolveram um grande problema, graças à união de todos — disse André. — Uma parte da oração de Francisco de Assis tem a seguinte frase para situações como essas: *"Onde houver discórdia, que eu leve a união"*.

— É isso aí! E aproveitamos e resolvemos o problema das pipocas também! — concluiu Magali.

Fé

— André, eu também posso contar uma história? — perguntou Milena.

— Claro! — respondeu André. — Já estou ansioso.

Milena narrou o fim de semana em que foi conhecer a Turma do Chico Bento, lá na Vila Abobrinha. Houve um grande temporal.

— Saiu em todas as redes sociais, primo! Uma árvore caiu no rio, desviando a água na direção da vila! — falou Cascão. — Eu me arrepio só de pensar!

— Ai, aquele dia foi terrível! — recordou Magali. — Alguns moradores tentaram remover a árvore com umas cordas, mas não conseguiram.

— Se eu estivesse lá, poderia ter ajudado — pensou Mônica em voz alta.

Milena contou que os moradores achavam que tudo estava perdido e duvidaram que algo mais poderia ser feito. Menos o Chico Bento, que trouxe a melhor ajuda possível.

— Que ajuda? — perguntou André.

— A dos seus amigos animais. O burrico Teobaldo, a vaca Malhada, o cavalo Alazão e até o touro Gerinaldo. Todos puxaram as cordas, retiraram a árvore e o rio voltou ao seu curso natural — explicou Milena.

André lembrou de mais uma frase da oração de Francisco de Assis: *"Onde houver dúvidas, que eu leve a fé"*. Quando temos fé, parece que tudo começa a dar certo, até mesmo o que parecia impossível.

— Ainda bem! Todos os moradores ficaram felizes e agradeceram muito a coragem de Chico Bento e de seus amigos animais. Foi demais! — finalizou Milena, emocionada, enquanto recebia abraço coletivo da Turma.

Verdade

Enquanto o papo rolava, Marina e Franjinha foram visitar o Cascão. Bateram à porta e foram convidados a entrar. E aí, Marina disse:

— Olá, meninos! Estão numa *live*?

— Sim! Estamos falando com o primo André! — disse Cascão.

— Que legal! Estão fazendo aquela brincadeira de contar historinhas? Oi, André! Posso contar uma também? — pediu Franjinha, colocando a cabeça na frente da câmera.

— Lógico! — respondeu André. — Mas hoje só valem histórias sobre os animais e a natureza!

Franjinha contou que, um dia, Bidu saiu para passear e viu o bravo cão Rúfius preso em umas redes daquelas utilizadas em traves de futebol.

— O Bidu não teve dúvida: se aproximou e quis ajudar. Lindinho... — disse Marina.

— Mas Rúfius não deixava, se enrolando ainda mais na rede — explicou Franjinha. — Logo depois, Bidu chegou perto de novo e, com muita calma, mostrou para o Rúfius como se soltar.

— Que beleza! — disse André. — Até lembrei de outra parte da oração de Francisco de Assis. É assim: *"Onde houver erro, que eu leve a verdade!"* Quando ajudamos a corrigir um erro de forma bondosa, podemos ganhar uma amizade de verdade.

— Foi isso mesmo, André! Depois que se soltou, o Rúfius nem parecia aquele cachorro bravo! Ele ficou agradecido e virou amigo do Bidu — falou Franjinha, todo contente com a boa ação do seu amigo de quatro patas. — Bom, pelo menos naquele dia. Há, há, há!

E todos riram muito.

Esperança

Marina também entrou na brincadeira e contou sobre o dia em que inauguraram uma galeria de arte na cidade. Eles convidaram artistas jovens para apresentarem obras inéditas em uma exposição.

— Gostei! Conta mais! — pediu André, empolgado.

— Os dias passavam e eu não sabia o que apresentar — disse a jovem artista.

— Eu sugeri pra Marina pintar minha coleção de carros reciclados — lembrou Cascão.

— Poderia desenhar vários potes de sorvete de melancia — brincou Magali.

— E eu sugeri que ela pintasse um dos meus robôs voadores — completou imediatamente Franjinha.

Mas Marina contou que nenhuma ideia dos amigos realmente tocava seu coração. A inspiração não vinha, a data da apresentação foi chegando e ela entrou em desespero.

André lembrou uma parte da oração de Francisco de Assis para esses momentos: ***"Onde houver desespero, que eu leve esperança"***.

— Você não vai acreditar, André, mas naquele dia apareceu no jardim de casa um insetinho lindo conhecido como esperança! — contou Marina. — Então, tive a ideia de fazer uma pintura com todos os bichinhos e *pets* que encontrasse pelo Limoeiro.

— Ela pintou os animais que amamos e o quadro ficou lindoooo! — lembrou Mônica.

— Foi um sucesso na exposição! — falou Franjinha, suspirando pela jovem artista — Recebeu elogios até dos donos da galeria.

— Sem dúvida, crianças! A esperança não deixa os nossos sonhos morrerem jamais — concluiu André.

Alegria

— Lembrei de um dia em que fiquei arrasada! — disse Magali. — Foi quando o Mingau não voltou pra casa. Eu estava tão triste que só pensava em comer.

— Ué! Então foi um dia como um outro qualquer — emendou Cascão.

Mônica contou que ela tentou consolar a amiga, mas nada adiantava.

— Eu chorava sem parar! Pensava que meu gatinho tinha se perdido! — recordou Magali. — E se ele estivesse com fome? Com frio? Ai, que desespero!

— Uau! — exclamou André. — E depois, o que aconteceu?

— Pra piorar, naquela noite choveu muito. As gotinhas que escorriam pelo vidro na janela pareciam lágrimas e me deixaram ainda mais triste — lembrou Magali.

    Mônica disse que, no dia seguinte, o sol estava brilhando forte e Magali sorriu um pouco depois de ver uns passarinhos fazendo uma festa nas árvores.

    — Olha só! Há uma parte da oração de Francisco de Assis que diz assim: **"Onde houver tristeza, que eu leve alegria".** — contou André. — Acho que se aplica um pouco a esse momento.

    — Acho que sim, porque, logo em seguida, algo balançou o galho onde os passarinhos estavam. Era o Mingau! — falou a comilona, toda feliz. — Foi uma das maiores alegrias da minha vida.

    — O abraço de retorno foi tão demorado que deu tempo até de tirar uma foto — disse a Mônica, mostrando pra todos.

    — O amor puro que sai do nosso coração traz grande felicidade para todos nós — falou André. — Quando encontramos alguém tristinho, sempre podemos dar-lhe alegria.

    — E, pra comemorar, fiz até um banquete pra gente! Preocupação me deixa com muita fome — disse Magali, fazendo todos rirem.

Luz

O papo estava animado e Milena relembrou o dia em que toda a Turminha estava entediada, sem saber o que fazer.

— Queria fazer algo diferente, mas não sei o quê... — reclamou Milena.

— Podemos fazer algo pra comer? — sugeriu Magali.

— Que tal se a gente batesse uma bolinha? — propôs Cascão.

— Já sei! E se a gente fizesse uns desenhos da *goldu*... digo... digo... esquece, esquece. Hê! hê! — falou Cebolinha.

Aí, Franjinha contou sua ideia:

— E se, em vez de fazer algo que cada um quer, fizéssemos alguma coisa juntos, que tenha um pouco de todos nós? Eu posso ajudar.

Mônica achou interessante a proposta e disse:

— Ótima ideia! Mas tem que ser algo bem legal!

— Pode ser um robô feito de reciclagem — sugeriu Cascão.

— E que faça comidinha! — disse Magali.

— Só se for comida *plos* bichinhos! — pediu Cebolinha. — Tá quase na *hola* de dar comida *plo* Floquinho.

Ouvindo a história, André lembrou uma parte da oração de Francisco de Assis para momentos como esse: **"Onde houver trevas, que eu leve a luz"**.

— Isso quer dizer que diante dos desafios devemos propor soluções, exatamente como vocês fizeram — esclareceu André.

— Foi demais! A Turma toda ajudou o Franjinha. Nós fizemos um robô reciclado que produzia comidinha para cães e gatos — contou Milena.

— Esse dia foi muito divertido! — recordou Marina. — E a comidinha deles cheirava muito bem.

— O problema foi convencer "você sabe quem" a não comer o que a máquina produzia! — lembrou Cascão, fazendo a Turma cair na risada.

Consolar

    Mônica lembrou de um dia em que ela estava no parque do Limoeiro. Fazia um calorzão. Luca estava na rua com uma garrafa de água geladinha e, quando ia beber, viu Dorinha se aproximar com Radar, seu cão-guia.

    — O Radar parecia estar muito cansado e o chão estava quente — disse Magali.

    — Tadinho! — falou Milena.

    — Mesmo com sede, Luca deu sua garrafa para Dorinha, que bebeu e colocou um pouco de água nas patinhas do Radar. Ele ficou todo feliz — continuou Mônica.

André achou muito linda a atitude do Luca e lembrou mais um trecho da oração de Francisco de Assis: *"**Ó, Mestre, fazei que eu procure mais consolar que ser consolado"**.* Afinal, consolar é aliviar a dor dos outros.

— Ah! O Luca é sempre tão gentil... sempre tão lindo... tão amável... ai, ai — suspirou Mônica.

— Eu também *telia* feito o mesmo é *clalo*! — reclamou Cebolinha, com um certo ciuminho.

— Claro, claro! Você vai ter sua chance, Cebolinha. Até lá, esfria a cabeça com uma água gelada — brincou Franjinha.

Compreender

A *live* continuava animada e as crianças lembraram do concurso de fantasias do Limoeiro. Seriam premiados aqueles com as melhores e mais criativas vestimentas.

— Milena e Marina fizeram os desenhos lindos, supercaprichados — recordou Franjinha.

— A gente combinou tudo — falou Mônica. — Deixamos as fantasias na casa do Cebolinha, pra ele levar pra festa.

— Só que o Cebolinha não apareceu com as fantasias e fomos desclassificados — lamentou Magali. — Daí, fomos até a casa dele pra saber por que ele não tinha aparecido.

— Eu estava furiosa! — disse Mônica. — Ele ia levar umas boas coelhadas!

— Estou imaginando a cena, crianças... — falou André. — Mas qual foi o motivo da ausência?

— Pois é, André... Quando chegamos, entendemos que ele não tinha ido porque o Floquinho estava passando muito mal — explicou Milena.

— Foi mal, *galelu* — disse Cebolinha, ao lado do seu cachorrinho adoentado.

Ao ouvir aquilo, André lembrou a seguinte frase de Francisco de Assis: **"Ó, Mestre, fazei que eu procure mais compreender, que ser compreendido".**

— Primo, foi aí que a gente decidiu fazer a nossa própria festa à fantasia na casa do Cebolinha — contou Cascão. — Isso deixou o careca e até o Floquinho supercontentes.

— É, naquele dia, o Cebolinha não recebeu nenhuma coelhada, mas sim um abraço coletivo da Turminha. E ele mereceu muito! — contou Mônica.

— *Veldade*! E gostei disso de *compleender* e ser *compleendido*, *Andlé* — afirmou Cebolinha.

Amar

— Eu tenho mais uma história! Lembram quando o Chico Bento ficou triste porque a vaquinha Malhada estava toda *borocoxô?* — perguntou Magali.

— *Clalo* que *lemblo.* Foi logo depois que o Cascão e eu fomos visitar o Chico na *loça* — disse Cebolinha.

Zé Lelé, que acompanhava Chico, perguntou:

— Qui será qui a Maiada tem, sô? Ela tá tão quetinha...

— Será qui ela tá ca doença da vaca cansada? — perguntou Zé Lelé — Tem as doença da vaca loca, vaca gripada, vaca moiada i da vaca cansada.

Magali disse que os meninos da Vila Abobrinha passaram o dia inteiro ao lado da vaca dando muito carinho a ela.

No dia seguinte, os pais do Chico Bento contaram que a vaquinha não estava doente. Só estava mais quietinha porque, em alguns meses, ganharia um filhotinho.

— Nossa! Os meninos ficaram felizes demais e, algum tempo depois, viram o filhote da vaquinha nascer — falou Mônica.

André interveio e comentou que a felicidade dos meninos da roça está em amar todos os animais, e lembrou de uma parte importante da oração de Francisco de Assis: *"Ó, mestre, fazei que eu procure mais amar, que ser amado".*

— E o Chico Bento e o Zé Lelé deram muito amor pra Malhada e seu filhotinho — completou Magali!

— O amor aos animais é lindo demais! — suspirou Milena.

— Um amor de um Zé e dois Franciscos pelos animais. Zé Lelé, Francisco de Assis e o Francisco Bento, ou Chico Bento para os amigos — finalizou André.

Receber

A Mônica se lembrou do dia em que os meninos participaram de um torneio de futebol em favor da causa dos animais.

— Quem ganhasse o torneio, doaria o prêmio pra uma casa que protege bichinhos abandonados — explicou a dona da rua.

— Nosso time era muito bom — contou Cascão. — Mas, no meio do jogo, as meninas chegaram, ficaram na torcida e...

— E qual foi o problema? — perguntou o primo André.

— O problema é que o Cebolinha, em vez de continuar jogando bem, ficou querendo mostrar suas habilidades pra impressionar as garotas, especialmente uma... — respondeu Cascão, olhando pra dentucinha.

— Não sei do que você está falando! — exclamou Cebolinha.

Cascão revelou que, em um momento da partida, Cebolinha quis fazer embaixadinhas, perdeu a bola e o time levou um gol no contra-ataque.

— Terminamos o primeiro tempo perdendo — lembrou Cascão.

— Xiiii! E como foi o segundo tempo? — perguntou André.

— Eu vi que estava *elado* e que *ela* melhor *palar* com as *filulas* e passar a bola *plos companheilos* — se desculpou Cebolinha.

André, então, recordou outra parte da oração de Francisco de Assis: **"É dando que se recebe".**

— Esse é o segredo de uma boa amizade — concluiu o primo André.

— Quando o Cebolinha voltou a passar a bola, tudo mudou! Até hoje me lembro dos dois lançamentos que fiz pro careca finalizar — contou Cascão. — Ele fez dois gols, viramos o jogo e ganhamos o torneio e o prêmio.

— E o melhor foi ajudar uma instituição que cuidava de bichinhos abandonados — contou Milena.

— Cebolinha, você foi um craque! Nosso time mereceu ganhar! — disse Mônica, deixando o troca-letras todo vermelho.

Perdoando

— Tem mais uma! — gritou Cascão. Lembram daquela vez em que o Dudu levou a gente até a casa da avó dele e, no fundo do quintal, tinha uma gaiola enorme cheia de passarinhos?

— Eu *lemblo*! — resmungou Cebolinha. — Tinha um papagaio que me imitava o tempo todo.

— Há! há! Deve ter sido engraçado ver um papagaio trocando as letras. *"Loulo! Culupaco!"* — brincou Mônica.

— Não teve nada de *englaçado*! — resmungou o carequinha.

Cascão contou que, ao se aproximar da gaiola, Dudu abriu a portinha sem querer e todas as aves saíram voando.

— A avó viu o que aconteceu e Dudu foi logo pedindo *peldão*, pensando que *levalia* uma *blonca* — explicou Cebolinha.

— E aí? O que aconteceu? — perguntou André.

— Bem, pra nossa surpresa, a avó achou que estava na hora daquelas aves ganharem sua liberdade — respondeu Cascão. — O avô do Dudu gostava da gaiola, mas a avó, não.

Ao ouvir aquele relato de seu primo Cascão, André citou outro trecho da oração de Francisco de Assis: *"É perdoando que se é perdoado".*

— Então, primo, olha o que aconteceu... Agora que estão livres, as aves voltam todos os dias ao jardim e cantam pra ela — disse Cascão. — E a avó do Dudu deixa comidinhas para elas.

— Ah, Cascão, o canto de liberdade é um som muito melhor de se ouvir — falou André.

Cascão contou ainda que até hoje as aves ficam sobrevoando pelo Limoeiro, e algumas visitam também a casa do Cebolinha.

— Até aquele papagaio chato! Fica me seguindo e me imitando! — resmungou Cebolinha, fazendo todo mundo ali rir.

Vida Eterna

Quando o papo é bom, a Turma se empolga. Mônica recordou quando foram dar um passeio de barco no mar, mas, devido ao forte movimento das ondas, ficaram com medo de cair na água.

— Ufa! Ainda bem que não fui! — disse Cascão. — Fiquei tranquilinho na areia mesmo!

— Naquele dia, a gente viu golfinhos lindos fazendo acrobacias. Foi demais! — contou Mônica.

— Todos no barco ficaram olhando como eles pulavam! — falou Magali.

Cascão contou o que um salva-vidas lhe disse na areia:

— Eles fazem essas acrobacias pra chamar a atenção dos predadores! Isso permite que seus filhotes possam fugir, em caso de ameaça. E dá chance pros golfinhos pequenos se protegerem.

— Nossa! Não sabia disso — disse o primo André.

— É... eles se arriscam muito pelos seus filhotes — falou Cascão.

Então, André lembrou da parte final da oração de Francisco de Assis: *"E é morrendo que se vive para a vida eterna"*.

— Isso quer dizer que, quando nos sacrificamos por uma boa causa, ganhamos a paz de coração — completou André. — Todos os bichos merecem nosso respeito e proteção! E muitos pais fazem de tudo para cuidar dos seus filhos.

— E os pais golfinhos levam isso bem a sério! — falou Cascão.

— Pois é, Cascão, esse também é o poder do amor de seus pais com todos vocês! — recomendou André. — Sejam sempre bons e agradecidos a eles!

Amor a Deus

Enquanto a Turminha continuava com suas histórias, André contou que Francisco de Assis escreveu uma canção conhecida como o *cântico das criaturas*, que começa assim: *"Altíssimo, Onipotente, Bom Senhor, Teus são o Louvor, a Glória, a Honra e toda a Bênção"*.

— Olha, primo, achei as palavras bem bonitas, mas... o que querem dizer? — perguntou Cascão.

— É uma forma de admiração e amor a Deus, ao ver que fazemos parte de um grande plano de sua criação.

— Ahá! Um plano infalível? — perguntou Cebolinha.

— Todos os planos de Deus são perfeitos! — respondeu André. — Por isso, temos a sensação de que nunca estamos sozinhos.

Magali, então, lembrou quando Mingau subiu numa árvore e não sabia como descer. Naquele dia, todos os bichinhos ajudaram. Floquinho começou a latir pedindo ajuda, Bidu ficou correndo pela rua, para chamar a atenção dos pedestres, e até Chovinista avisou o Cascão do perigo.

— As pessoas pararam e ajudaram a resgatar o Mingau — disse Mônica.

— Viram só, crianças? Nunca estamos sozinhos — lembrou André. — O amor de Deus toca o coração de todos.

— Deve ser por isso que algumas pessoas resolveram ajudar, né? Trouxeram até uma escada para resgatar o Mingauzinho — confirmou Magali.

— Quando cuidamos dos outros, podemos sentir o amor de Deus em nós! — finalizou André.

Irmão sol, irmã lua

— Ei, primo! Lembrei quando o Chico Bento e a Rosinha vieram visitar a gente, aqui no Limoeiro — disse Cascão.

— Eles trouxeram um vaso com várias plantinhas lá da roça — falou Mônica.

Magali achou muito lindo ver como os dois cuidavam das plantinhas. Porém, com a viagem, algumas delas acabaram murchando.

— Verdade! Mas os dois ficaram cuidando das plantinhas, lembram? Durante o dia, o Chico colocava água e, à noite, Rosinha cantava musiquinhas pra elas — disse Mônica.

— Ué, e as plantas ouvem? — indagou Cascão.

— Elas são seres vivos, Cascão — explicou André.

E o primo André continuou, contando que Francisco de Assis também tinha uma amada companheira, que, ao seu lado, cuidava da natureza e das pessoas

doentes. Era *Clara de Assis*. As pessoas chamavam os dois de irmão sol e irmã lua.

— **Ilmão** sol, **ilmã** lua... como o dia e a noite! — pensou Cebolinha em voz alta.

— Ai, que bonito! — disse Mônica.

— O canto de Francisco continuava assim: *"Louvado sejas, meu Senhor... pelo irmão Sol... pela irmã Lua"*.

— Ah! Que lindo! — disse Marina.

— Crianças, quando as pessoas amam e se dedicam a servir aos outros e também à natureza que os cerca, como as pequenas plantinhas, despertam um amor puro dentro de si mesmas — falou André. — Ou seja, quando as pessoas amam, cuidam!

Prestando atenção na história, Mônica não viu que deixou cair sem querer seu coelho no chão. Cebolinha pegou o Sansão e... logo o devolveu à sua dona. Cascão observou tudo de olhos arregalados.

— Hum... Olha o careca colocando em prática essa história de amor puro! — brincou Cascão. — Ou seria medo mesmo?

E a Turma toda caiu na gargalhada.

Amar as criaturas

— Primo André, esse Francisco de Assis gostava de todos os animais? Tipo, todos mesmo? — quis saber Cascão.

— Humm... o que vocês acham, crianças? — André devolveu a pergunta.

— Imagina se ele ia gostar de moscas ou de baratas! Eca! — pensou Mônica.

— Ei! O que tem de errado com as moscas? Bichinhos pequenos também devem ter sentimentos! — comentou Cascão. — Pelo menos, eu acho.

Foi aí que André contou que Francisco de Assis chamava os animais de irmãos, como irmão lobo, irmão pássaro, por exemplo. Ele amava todas as criaturas e seu cântico continuava assim: *"Louvado sejas, meu Senhor, por todas as Suas criaturas"*.

— Acho que isso responde a sua pergunta, Mônica! — falou Magali enquanto comia umas jujubas.

Cascão lembrou que viu, num programa de televisão, uns biólogos resgatando uma tartaruga do mar, que tinha um canudo de plástico no nariz.

Cebolinha então teve uma ideia:

— Na nossa *plóxima* ida à *plaia*, vamos *lecolher* todos os canudos que *estivelem* na *aleia*! Assim, nenhuma *outla taltaluguinha* vai se machucar.

— Tá mais do que topado! — exclamou Milena, com a imediata concordância de todos da Turminha.

— Ah, como é bom ver os bichinhos como irmãos que precisam do nosso amor — falou André. — Deus nos deu a inteligência para cuidar deles.

— É isso aí, André! As tartaruguinhas vão ficar felizes e nós também — finalizou Cascão.

Quando possas iluminar

Magali pediu ao primo André para contar mais.

Ele, então, citou outra parte do cântico de Francisco: **"Louvado sejas, meu Senhor. Pelo irmão vento, pelo ar, e pelas nuvens".**

— Eu adoro quando as nuvens formam lindos coelhinhos — falou Mônica.

— Nuvens? Pra mim, elas se formam e me informam quando vai chover! — disse Cascão.

— Francisco de Assis via o amor de Deus naquilo que chamamos de "fenômenos da natureza", e também o quanto esse amor pode refletir em nós — explicou André.

Intrigado, Franjinha lembrou do dia em que receberam alertas de ventos fortes e possível queda de energia.

— Esse dia foi insano! Brrrrr! — disse Cascão. — Os ventos não duraram muito, mas o estrago foi grande.

— Como faltou energia no bairro do Limoeiro, adaptei *drones* com lâmpadas para as ruas não ficarem totalmente escuras — contou Franjinha.

— Mas que ótima ideia! — comentou André.

— Lá do alto, os drones pareciam grandes vaga-lumes, mas com luzes fixas, deixando tudo mais claro — contou o pequeno cientista.

— E foi ótimo, porque tinha saído pra procurar o Monicão, e naquela escuridão ia ser bem mais difícil — disse Mônica.

— A luz, no alto, clareia muito mais — falou André. — Por isso dizemos que a luz de Deus clareia tudo de bom que podemos fazer para os outros.

Humildade

— Uma vez, quando estávamos voltando do parque de diversões, ficamos muito empolgados com os brinquedos. Em especial com o carrossel — disse Marina.

— Mas o Luca ficou tristinho, porque não pôde ir — disse Milena.

— Adoro o Luca — falou André.

— O parque não tinha acessibilidade pra cadeirantes — explicou Milena. — Seria ótimo ter no bairro um brinquedo em que todos os nossos amigos pudessem brincar com a gente.

— Aí, eu tive uma ideia genial! — falou Cebolinha. — De *constluir* um *calossel* aqui no *bailo*.

— Essa foi boa mesmo! A gente fez as cadeiras no formato de cavalos-marinhos — lembrou Marina, que fez os desenhos.

— Eu fiz a parte artesanal, tudo com material reciclado — contou Cascão.

— E eu ajudei a recolher o material mais pesado — disse Mônica.

O Franjinha explicou que queria fazer o mecanismo do carrossel funcionar com a força da água. Mas, com pressa, a Turma fez tudo muito rápido e o carrossel mal deu uma volta e quebrou.

Depois de ouvir atentamente, André citou outra parte do cântico de Francisco de Assis: **"Louvado sejas, meu Senhor, pela irmã água, útil e humilde"**.

— E isso é verdade — disse Franjinha. — Percebi que deveríamos ser mais humildes e aprender com o erro. Então, refiz os cálculos e descobri que precisávamos de uma caixa d'água maior.

— Todos do bairro amaram — lembrou Marina. — Até os pais ficaram emocionados. Mas o Cascão, quando soube que o carrossel usava a força da água, não quis nem dar uma voltinha. Há, há, há!

O fogo que salva

— Quando as férias do meio do ano estavam para terminar, visitamos um santuário de animais que foram abandonados — disse Franjinha.

Nimbus tirava fotos dos bichinhos e **Do Contra**, para contrariar, fazia desenhos deles em poses totalmente diferentes em um caderninho.

— Tinha até *passalinhos felidos*! — contou Cebolinha.

— E macaquinhos machucados por traficantes — falou Magali, bem tristinha.

— E iguanas doentes — lembrou Cascão.

Franjinha contou que todos ficaram tristes ao saber que o santuário poderia fechar, por causa de um recente incêndio. Então, a Turminha pensou se poderia fazer algo para ajudar.

— Como sou o *lei* dos planos infalíveis, *sugeli pla* gente fazer um álbum de *figulinhas* com os bichinhos e, com a venda, ajudar a manter o *santuálio*. — falou Cebolinha.

— Ótimo plano! — concordou Marina. — Eu desenhei as fotos dos bichinhos recuperados, que o Nimbus tinha registrado do jeito dele.

— Que legal! E o que aconteceu? — perguntou André curioso.

— A Magali conseguiu o patrocínio de umas empresas de alimentos que são fãs dela, e o Franjinha cuidou da impressão — explicou Milena.

A Turma toda ajudou a vender os álbuns.

— O sucesso foi tanto, que a primeira edição esgotou rapidinho, e tivemos que fazer mais — contou Franjinha, orgulhoso.

Foi quando André mencionou a parte do cântico que diz: *"Louvado sejas, meu Senhor, pelo irmão fogo, com o qual iluminas a noite"*.

— E o melhor de tudo é que conseguimos impedir o santuário de fechar! — falou Marina. — O fogo chamou a atenção de todos pra ajudar.

— Vocês estão todos de parabéns, crianças! Que lindo exemplo! – disse André.

A Terra que sustenta

— Lembrei de uma história do André, nosso amigo autista, com a Turma do Chico Bento, naquela vez que visitamos a Vila Abobrinha! — gritou Mônica.

— Oba, quero ouvir a história com meu xará — pediu André.

Mônica lembrou que Chico Bento não sabia o que dar de presente de aniversário para Rosinha.

— Coitado! — disse Magali. — Estava sem dinheiro e sem criatividade.

Enquanto isso, Chico Bento mostrou a André como cuidava dos animais. Jogou milho para a Giselda, separou o capim do cavalo Alazão e da vaca Malhada. E, por fim, colheu umas cenouras para o porco Torresmo.

— E mesmo cansado, o Chico estava contente porque tirou da terra tudo que precisava pra alimentar os animais — contou Magali.

Aí, André imediatamente lembrou da parte do cântico de Francisco de Assis que diz: *"Louvado sejas, meu Senhor, pela nossa irmã, a mãe Terra que nos sustenta"*.

— Exatamente, primo! Foi aí que o Chico teve uma ideia sensacional — disse Cascão.

— Qual foi? — perguntou André.

— Ele fez um delicioso bolo de frutas e enfeitou todo o coreto com flores. Todos os amigos foram e cantaram parabéns pra Rosinha — disse Magali.

— E a Rosinha falou pro Chico que aquele foi o melhor presente que ela ganhou! Foi tãããão lindo! — disse a dengosa Mônica.

Superar as dificuldades

Aproveitando essa fala, Cebolinha lembrou o dia em que conseguiu dar um banho muito rápido no Floquinho, quando teve a ideia de um novo plano:

— Se eu sou bom em dar banho no meu *cacholo*, talvez possa *ofelecer* esse *selviço plos* vizinhos.

— Você já imaginou o que aconteceu, né? — falou Mônica.

— Já estou imaginando! — respondeu o primo André.

— Cebolinha recebeu vários pedidos, e achou que daria conta de dar banho em dois cães ao mesmo tempo! — contou Magali.

— Só que depois veio *outlo cacholo*, e *outlo* e mais um — falou Cebolinha. — E *telminei* aceitando todos os pedidos.

— Eram tantos cães, que eles saíram correndo pelo Limoeiro, molhados e cheios de sabão — disse Cascão. — Ainda bem que eu não fiz parte desse plano.

André interveio dizendo que devemos fazer aquilo que temos condições, e leu esta parte do cântico de Francisco de Assis: *"Louvado sejas, meu Senhor, pelos que suportam as dificuldades"*.

— Eu *aplendi* a lição! — contou Cebolinha. — Depois disso, só aceitei dar um banho de cada vez.

— Até o Chovinista foi tomar banho com o Cebolinha! Mas eu fui totalmente contra! — disse Cascão. — Eu até fiquei olhando de longe, pra não levar nenhuma chuveirada.

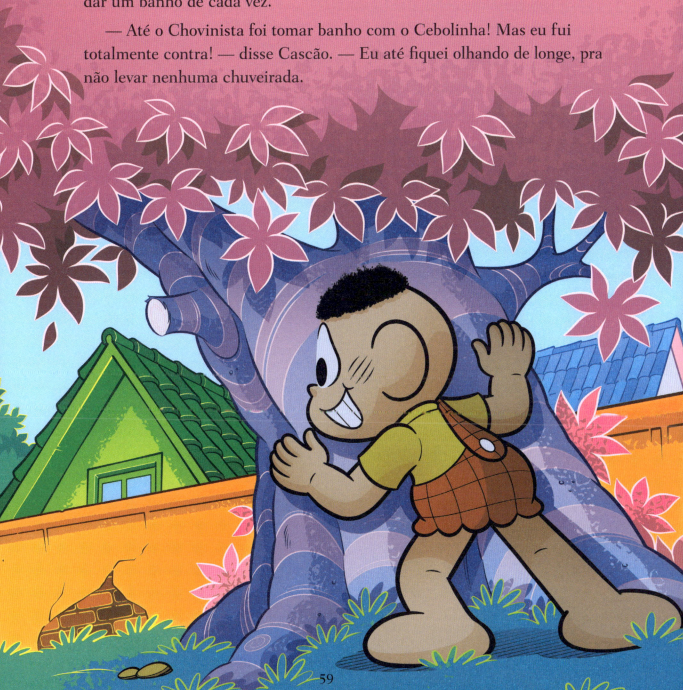

A viagem

— André, lembrei quando um cãozinho de rua ficou bem doentinho na clínica da minha mãe — falou Milena.

— Ele era muito alegre, e a Turma toda tentou ajudar, mas ele não conseguiu melhorar — relatou Franjinha.

— Eu levei comidinha, mas ele nem deu bola — disse Magali.

— Nem tinha como, Magali. Você levou comida de gato — falou Mônica.

Milena explicou que o cãozinho de rua era conhecido no bairro. Ele era feliz, sempre circulava pela vizinhança e brincava com todos.

— E nunca tomava banho — recordou Cascão. — A gente se dava superbem.

— A mamãe ajudou até onde podia, mas o cãozinho não sobreviveu — lamentou Milena.

Nesse momento, André leu a seguinte parte do cântico de Francisco: ***"Louvado sejas, meu Senhor, pela nossa irmã, a morte corporal"***.

— Na minha fé, acreditamos que, quando alguém está muito doente, a nossa irmã morte vem buscá-lo, e o liberta das dores. Ela o leva, como numa viagem, de um lugar para outro — disse André.

Ao ouvir aquilo, as crianças entenderam que o melhor era lembrar dos bons momentos com o cachorrinho, que, até quando se despediu, parecia estar sempre feliz.

Então, André disse que devemos agradecer a Deus pelo nosso corpo. Mesmo que alguns tenham algo a mais ou a menos, devemos sempre cuidar bem dele.

Para descontrair, Cebolinha olhou para Mônica e disse:

— Devemos cuidar do *colpo*, mesmo que com alguns quilinhos a mais.

E Mônica respondeu:

— Ou alguns cabelos a menos.

E todos riram muito.

Até breve

— Crianças, chegou a hora de terminar a *live* — disse André. — Foi delicioso estar com vocês, mesmo que virtualmente e a distância.

— Aaaahh! — todos resmungaram.

— Não demora pra fazer outra *live* com a gente, André — falou Mônica.

— Pode crer! Até a próxima, primo! — disse Cascão.

André, antes de sair, lembrou uma última frase atribuída a Francisco de Assis: *"Comece fazendo o que é necessário, depois o que é possível, e, de repente, você estará fazendo o impossível"*.

— Construam no coração de vocês o amor à natureza, aos animais, às boas obras; e esse amor irá crescer e se multiplicar — concluiu André.

Assim, transmitindo profundas reflexões com as belas mensagens de Francisco de Assis, o primo de Cascão se despediu de toda a Turminha, deixando uma bela sensação de paz, felicidade e harmonia. E com a certeza que novos encontros viriam, ainda mais cheios de histórias.